Lb 48, 1555.

UN MOT SUR LA NOBLESSE ET SUR LES PAIRS.

Par M. LE COMTE DE FORTIA PILES,
AUTEUR DU NOUVEAU DICTIONNAIRE FRANÇAIS.

> Une maxime éternelle est celle-ci : qu'on s'attache plus les hommes par l'espoir que par la reconnaissance. (*Page* 17.)

PRIX : 50 CENTIMES.

PARIS,

MOREAU, IMPRIMEUR DE S. A. R. MADAME, SUCCESSEUR DE M. VALADE, RUE COQUILLIÈRE, N°. 27.

3 AVRIL 1820.

Chez { DENTU, PÉLICIER, DELAUNAY, } Libraires au Palais-Royal.

LE NOUVEAU DICTIONNAIRE FRANÇAIS,

Volume in-8°. de 600 pages, cicero plein.

PRIX : 8 FRANCS, et 10 FRANCS PAR LA POSTE.

UN MOT SUR LA CHARTE ET LE GOUVERNEMENT REPRÉSENTATIF.

PRIX : 50 CENTIMES.

UN MOT SUR LES ARMÉES ÉTRANGÈRES ET LES TROUPES SUISSES.

PRIX : 50 CENTIMES.

UN MOT SUR LES MŒURS PUBLIQUES.

PRIX : 50 CENTIMES.

UN MOT SUR QUATRE MOTS.

PRIX : 50 CENTIMES.

UN MOT
SUR LA NOBLESSE
ET
SUR LES PAIRS.

NOBLESSE.

Le rétablissement des priviléges et des droits seigneuriaux ne pouvant avoir lieu, les libéraux ne se lassent pas d'accuser les nobles de chercher à les recouvrer, quoique bien pénétrés de l'absurdité de leur accusation, puisqu'elle porte sur une chose impossible; mais ne sachant que dire sur nous, et voulant nous rendre odieux et suspects aux imbécilles, seule classe qui puisse être encore dupe de leurs plats mensonges (mais qui malheureusement est trop nombreuse), ils s'accrochent où ils peuvent, et semblent toujours persuadés que les seuls royalistes sont les nobles ; erreur qui serait trop grossière, si elle n'était pas jouée. Les nobles sont à la masse des royalistes ou bons Français, ce qui est sinonyme, comme un à trois cents à peu près; et les *petits malins* de libéraux le savent bien. Or, ces royalistes-là n'ont point de droits féodaux à réclamer. Quant à nous, l'accusation que nous portons contre les libéraux, indépendans, jacobins, etc., a le mérite de la vraisemblance et de la possibilité. C'est au moins un avantage que nous avons sur eux ; nous les accusons de vouloir un changement dans le gouvernement et dans la dynastie ; *ils ne l'auront pas*; mais il leur restera la honte de l'avoir appelé de tous leurs moyens, au mépris de leurs sermens et de leurs devoirs. Il est vrai que la honte est peu de chose pour ceux qui n'en ont plus *à boire* depuis long-tems.

Peu après la rentrée du Roi, il a paru un nouveau nobiliaire fort étendu. Les nobles du 19e. siècle y sont désignés d'une manière qui ne permettra jamais de les confondre avec les anciens. On lit à leurs noms ces mots : *noblesse consacrée par la Charte*. Dans cent ans on saura qu'en 1820, ces nobles n'avaient pas vingt ans d'ancienneté, et que le Roi ne les avait reconnus comme tels que depuis six ans. Or, la Charte déclare que les deux noblesses sont égales : voilà une plaisante égalité, et dans le fait peut-elle exister? il ne suffit pas d'établir que deux choses sont égales, lorsqu'elles ne le sont pas et ne peuvent pas l'être. Si le roi de Congo se prétendait l'égal du Roi de France, parce que l'un et l'autre sont rois, je pense qu'on pourrait, sans scrupule, s'égayer aux dépens de S. M. africaine.

Que les citoyens A. — Z. clabaudent journellement ou semi-périodiquement contre *l'ancienne* noblesse, c'est aussi simple que de voir de pauvres diables qui n'ont pas de quoi dîner, clabauder contre la cuisine de MM. Lafitte et Delessert, dont ils ne sentiront jamais que la fumée, ou des paralytiques envier la légèreté de Paul et de Mlle. Gosselin. On trouve un peu plus étonnans les mêmes principes chez des nobles, tels par exemple que les citoyens Chauvelin et S. Girardin; ils renoncent à leurs titres pour se rapprocher de la *jacobinaille*, par un côté de plus (1). Cependant on doit ne leur

---

(1) Le citoyen Chauvelin a même voulu s'identifier avec l'*élite* de la ville de Brest, en professant à la tribune, le 24 décembre 1819, les principes de ces misérables qui ont outragé l'évêque et les mission-

savoir gré que de l'intention; le sacrifice qu'ils font de leurs parchemins est extrêmement léger. Le premier date d'environ deux cents ans, par une *savonette;* le second est encore plus neuf : ces amis de l'égalité donnent, à la vérité, ce qu'ils ont; mais, bon Dieu, que c'est peu de chose !

J'ai distingué ci-dessus la noblesse *ancienne*, parce que les banquiers, avocats, procureurs, médecins et apoticaires, devenus marquis, comtes, barons et chevaliers, depuis quinze ans, sont à leur place; il n'y a que les Montmorency, les Rohan, les Mailly, etc., qui, depuis plusieurs siècles, ont la niaiserie de porter sur leurs enseignes la devise : *Dieu et le Roi*, dont M. le chevalier Cadet Gassicourt, M. le baron Méchin, ou tel autre aussi connu, doit être l'égal.

J'excepte pourtant des rédacteurs de pamphlets semi-périodiques, l'un des responsables de la Minerve, le député Benjamin qui, autre-

---

naires. Il y a mis des formes moins grossières, parce qu'un ex-marquis ne doit pas s'exprimer comme un *sans-culotte*; mais le fond était le même. Aussi quelques membres du côté droit se sont-ils permis de lui crier l'équivalent de *vous en avez menti* : mauvaise plaisanterie qui ne l'a pas empêché d'aller son train.

fois, je crois, a été noble, même baron, et qui, selon les circonstances, voudra, peut-être, le redevenir un jour; car on connaît la devise de ce grand publiciste helvétien : *Sold inconstantiâ constans*; mais en qualité de minervien, il se met au-dessus de tous les préjugés populaires. Le plus obscur de ses collègues, E. du Moulin a fait, dans je ne sais quel journal, sa profession de foi, qu'on peut regarder comme celle de toute la bande : *qu'il ambitionne le mépris des honnêtes gens du Conservateur.* L'ambition n'est raisonnable que lorsqu'elle n'est pas impossible à satisfaire ; or celle-ci ne laisse rien à désirer sur ce point ; aussi, un journal royaliste a-t-il répondu à cet ambitieux : *Nous pouvons assurer que M. E. du M. est parvenu depuis long-tems au terme de son ambition.* Ce même libéral, voulant sortir de son obscurité profonde, s'est mis sur le pied d'enrichir toutes les livraisons de la Minerve, de rapsodies qu'il baptise *Notes historiques*; en voici un échantillon tiré de la 83e :

« Deux ou trois jours avant la St.-Louis,
» le maréchal Oudinot a fait l'inspection des
» régimens de la garde royale qui sont à Paris.
» En examinant les effets à leur usage, il a
» trouvé chez plusieurs militaires des bro-

» chures politiques qui propagent les idées li-
» bérales, et parmi elles, les derniers n°^s. de la
» Minerve. M. le maréchal a cru devoir faire
» aux militaires quelques questions à ce sujet.
» *Nous devons défendre*, ont-ils répondu, *le*
» *gouvernement constitutionnel; n'est-il pas*
» *naturel d'étudier les écrits dont les principes*
» *sont conformes à la Charte et aux intérêts*
» *du monarque qui peut régner sur un peuple*
» *libre?* Le maréchal n'a pas paru mécontent
» de cette réponse (première impossibilité).
» Il a, dit-on, raconté l'aventure au Roi qui
» l'a trouvée *curieuse* (seconde impossibilité). »
Le Roi a trop de tact et de lumières pour avoir
employé cette expression : il ne peut ignorer
que si ce libelle infâme devenait le *bréviaire* de
son armée, avant six mois, son trône et sa dynastie seraient renversés. Concluons que la dé-
couverte des numéros de la Minerve dans les
casernes de la garde royale, la réponse des soldats, le non-mécontentement du maréchal, le
rapport au Roi, la réflexion du monarque sont
également controuvés, et que le plus obscur
des responsables a pris le tout sous son bonnet
rouge.

Comme dans l'article *noblesse* de mon dic-
tionnaire j'ai prétendu qu'il n'y avait en France

d'autres nobles que les pairs, parce qu'ils sont héréditaires, et que j'établis ici qu'il y a une noblesse, on me trouvera peut-être en contradiction avec moi-même; je dois donc m'expliquer. J'ai voulu contenter tout le monde ; je dis donc à ceux qui croient que la noblesse existe : *j'y consens ; mais comme il n'y a plus de droits, de priviléges qui devenaient la propriété du noble d'hier, comme du noble de cinq cents ans, les noms seuls restent. Or, M. de Montmorency et MM. A.—Z., anoblis depuis vingt ans, sont précisément comme Louis XVI et le roi de Congo.* Je dirai à ceux qui sont persuadés que la noblesse n'existe plus : *Les deux noblesses sont égales, comme deux zéros sont égaux* ; et ils en conviendront.

J'ai parlé dans le même ouvrage d'un officier général, encore existant, qui s'est permis la voie de fait sans exemple, de forcer les officiers non nobles de son régiment (Isle de France), de recevoir leur démission, et de les remplacer. Cela s'est passé à la paix de 1763, c'est-à-dire, après une guerre de sept ans. Ce colonel avait anticipé de vingt ans sur l'ordonnance rendue en 1781 par le maréchal de Ségur, qui soumettait les jeunes gens entrant au service, à prouver quatre degrés. Cette ordonnance fit crier tout le monde; intrinsèquement le principe était bon, mais il ne fallait pas lui donner cette publicité. Une circulaire à tous les colonels, pour qu'ils exigeassent eux-mêmes ces preuves, suffisait; le but aurait été rempli; personne ne s'en serait formalisé, parce que ceux que cette obligation ne regardait pas personnellement l'auraient ignorée; car, selon l'usage, on a vu crier *haro* sur l'ordonnance et sur le ministre, beaucoup de gens qui ne songeaient pas à entrer au service, auxquels par conséquent cette mesure devait être tout à fait indifférente (1).

---

(1) Dans les petites choses comme dans les grandes, on voit toujours des gens se mêler de ce qui ne les touche en rien, et ne les touchera jamais. Quelques années avant la révolution, le directeur du spectacle de Lyon s'avisa d'augmenter les abonnemens; il semble que les gens aisés, ceux qui fréquentaient le théâtre, auraient dû seuls s'en formaliser: point du tout; trois ou quatre cents malheureux des deux sexes, couverts de haillons, et mourant de faim, se rassemblèrent sur la place, et brisèrent à coups de pierres toutes les vitres de l'hôtel de la comédie. Quelqu'un frappé de l'acharnement de ces gens-là, demanda à plusieurs le motif de leur fureur : *Comment*, répondirent-ils, *on peut augmenter les abonnages, et nous nous révoltons.* Or aucun de ces révoltés n'avait, à coup sûr, mis le pied de sa vie dans une salle de spectacle.

La formalité que je propose pour remplacer l'ordonnance de 1781, eût été alors très-admissible; aujourd'hui elle ne l'est plus; mais le préjugé qui existait avant la révolution, s'opposant à ce que les nobles embrassassent l'état du commerce, il ne leur restait que le service militaire; il paraissait donc juste de le leur abandonner exclusivement; la robe, la finance, toutes les places administratives étant destinées à d'autres classes de citoyens. Le roi de Prusse (Frédéric II,) ne recevait que des nobles dans ses troupes; il n'y avait point dans ses régimens comme dans les nôtres, un certain nombre d'emplois affectés à d'anciens soldats; son motif était que le gentilhomme, tenant à son nom, à ses parens, ayant à conserver leur honneur en même tems que le sien propre, était moins exposé à se mal conduire, parce qu'une faute le perdait sans retour, et qu'il ne pouvait plus se montrer. Le roturier, au contraire, l'ancien soldat, s'il a un moment malheureux, s'il compromet le salut de sa troupe, la sûreté d'un poste, d'une forteresse, se retire chez lui, retrouve ses parens laboureurs, paysans, même petits bourgeois; rentré dans sa famille, il n'est plus question de lui hors de son village; il y vit paisiblement, et oublie sa faute.

Je ne prétends pas dire, comme certainement les méchans et les sots m'en accuseront, que les nobles soient plus braves que les roturiers ; car en aucun tems les soldats français ne l'ont cédé sur ce point à leurs officiers. S'il existait une différence dans la bravoure des deux classes, elle serait à l'avantage du soldat. L'amour de la gloire, l'espoir de l'avancement, la perspective des grâces, des faveurs du prince, la certitude, en périssant, de laisser une mémoire honorable; tout encourage l'officier à braver le danger, à mépriser la mort. Le soldat n'a pas ces motifs; à peu près certain de mourir inconnu, il a donc besoin de trouver en lui cette intrépidité qui ne saurait être produite par les mêmes causes. Je prétends seulement que l'officier gentilhomme a un motif de plus que le non noble pour ne pas se déshonorer, et c'est ce qu'on ne me niera pas.

PAIRS.

En 1814, à la rentrée du Roi, cette chambre fut formée des anciens pairs du royaume, de nobles qui en furent trouvés dignes, si non par eux-mêmes, au moins par le souvenir de leurs parens, leur naissance ou leur fortune, et des sénateurs de Bonaparte dont la composition et la conduite sont connues et appréciées. Ce mélange bizarre n'en fut pas moins constitué le premier corps de l'État, et put même à cause de l'hérédité qui fut attachée immédiatement à la pairie, être regardé comme la réunion des seuls nobles. Les autres ne conservant plus ni droits ni priviléges d'aucune espèce, le gentilhomme ayant six cents ans d'ancienneté et six cents écus de revenu, se trouva placé à jamais au-dessous de tel fournisseur ou banquier, possesseur de quelques millions acquis de toutes les manières, et de tel avocat riche de trois ou quatre cent mille pistoles, dont le vingtième a été gagné au palais, et le reste à la bourse où dans des acquisitions de domaines faites à *fort bon marché*.

Bonaparte arrivé, en 1815, de l'île d'Elbe, comme il serait arrivé des îles d'Hières, se hâta de dissoudre une chambre qu'il n'avait pas formée (excellent principe dont il ne s'est jamais écarté), et d'en composer une à sa guise. Il y amalgama des anciens constituans, qui avaient travaillé de leur mieux à renverser la monarchie, et qui y travailleraient encore, des gens pourvus d'emplois sous son règne, et qui ont eu l'incroyable et criminelle niaiserie de retourner à lui: des jacobins, des régicides. Au reste, pour ce qu'elle devait faire et le tems qu'elle devait durer, sa composition devenait fort indifférente. Waterloo, en renversant l'usurpateur, renversa son ouvrage. Le Roi, rentré une seconde fois, recréa sa chambre telle qu'elle était en 1814, y ajouta un assez grand nombre de nouveaux pairs, et laissa de côté ceux qui, ayant continué de l'être pendant les cent jours, avaient prouvé leur amour pour la pairie, plutôt que pour leur légitime souverain. Cette mesure très-juste, même indispensable devait n'avoir qu'un tems.

Lorsqu'en 1819 le marquis Barthélemi fit, à la chambre des pairs, la motion de modifier la loi des élections, cette loi désastreuse qui nous a donné les députés de la 3e. série, le ministre auquel on la devait, voulait la conserver intacte, malgré les avis répétés des amis du trône, et les conseils opposés de ses ennemis. En conséquence, pour s'assurer dans la chambre des pairs, une majorité capable de repousser le vœu de la seconde chambre, s'il était contraire à ses projets, il fit jeter en bloc soixante pairs dans la masse existante, et, comme on peut le croire, il les choisit à sa convenance, c'est-à-dire que tout fut bon, pourvu qu'on s'engageât à maintenir la loi. On compta donc dans cette fournée, des ministres de Bonaparte, des pairs des cent jours, des préfets dévoués au ministre, jusqu'à des gens qui n'y songeaient pas (1). Cette brusque augmentation n'ajouta pas à la considération dont jouissait la chambre, ce qui importait fort peu à celui dont elle était l'ouvrage. Aujourd'hui, le ministère, éclairé par une cruelle expérience, veut modifier cette loi; il faudra donc que la majorité des pairs se *retourne*; et dans le doute, le ministère devra en jeter encore une soixantaine pour s'assurer de la victoire; bientôt la chambre sera forcée de tenir ses séances dans la cour du Louvre ou autour de la colonne (2).

---

(1) C'était absolument le *compelle intrare* de l'évangile. Quelqu'un, qui désirait une préfecture, s'adressa à l'un des premiers *garçons* du ministère, peu de jours avant la fournée des soixante. *Cela n'est pas possible*, répondit le doctrinaire, *il y a trop de prétendans.* — *Mais il y a tant de vacances; vous destituez un préfet par semaine.* — *N'importe, cela ne se peut pas; mais à propos, je pense à une chose : nous faisons des pairs, voulez-vous l'être?* — *Ma foi je n'y pensais pas; mais je le veux bien.* M. d'... a été pair, quoiqu'il n'y soit pas plus déplacé que tous les autres : cette manière d'entrer dans le premier corps de l'état, n'en est pas moins curieuse.

(2) Les lois ont ordinairement besoin d'être dis-

Il restait encore quelques pairs des cent jours, pour lesquels l'heure du pardon n'était pas arrivée : elle a sonné en novembre 1819. Huit de ces brebis égarées sont rentrées dans le bercail. Comme ils avaient bien mérité cette suspension de pairie, on présume qu'ils ont aussi mérité l'indulgence du Roi. Le public connaît les fautes, et rien de plus. Parmi ces huit, on a remarqué le duc de Praslin qui avait beaucoup à réparer; la Biographie donne des détails fort étendus sur sa conduite au 31 mars et jours suivans, et pendant les cent jours. Quoique pair sous l'ancien régime, il a cru devoir arracher les cocardes blanches, le jour de l'entrée

---

cutées; la diversité des opinions fait jaillir la lumière, et d'ailleurs presque toutes appellent des modifications, des amendemens. Les deux lois qui viennent d'être rendues sur la liberté individuelle et sur les journaux, sont dans une autre cathégorie ; c'est l'opinion qui a prononcé *avant la discussion*. Les discours du côté droit n'ont pas ramené un membre du côté gauche, et *vice-versa*. Vu l'urgence, il fallait, dès le second jour, aller au scrutin. Le résultat eut été précisément le même qu'après huit ou dix séances perdues en longs discours, en discussions fatigantes, souvent indécentes et toujours inutiles. Ce que je dis est également applicable aux deux chambres, à part l'*indécence*, dont une a su se garantir.

des alliés et du rétablissement de la monarchie légitime. Ce trait de patriotisme n'a pas obtenu l'approbation générale ; mais puisqu'il est redevenu pair, il a réparé tout cela ; comment ? je n'en sais rien, et selon toute apparence ni lui non plus. Cependant les voilà tous confondus avec les anciens pairs du royaume, et les fidèles serviteurs de la famille des Bourbons.

Une maxime éternelle dont chaque jour confirme la justesse, est celle-ci : *qu'on s'attache plus les hommes par l'espoir que par la reconnaissance.* Cette maxime fait peu d'honneur à l'espèce humaine ; cependant il faut peindre les hommes, non comme ils devraient être, mais comme ils sont. Les gens puissans, et à plus forte raison, les rois qui ont tant à donner et tant d'ingrats à faire, devraient avoir cette sentence toujours présente ; ils s'éviteraient souvent des repentirs. Louis XVIII l'a mise quelquefois en oubli, et il a dû s'apercevoir que son indulgence faisait plus l'éloge de son cœur que de sa politique. Quel souverain aurait dû trouver moins d'ingrats, et quel souverain en a rencontré davantage ? Des pairies accordées *à vie* auraient forcé les coupables à mériter l'hérédité, ne fut-ce que pour leurs enfans ; à la mériter par un repentir sincère, un attachement inaltérable, une fidélité à toute épreuve. Ils ont obtenu en un jour le prix des plus longs, des plus éclatans services; que leur reste-t-il à mériter? RIEN. En un mot, le Roi peut se faire à lui-même cette question si peu consolante : *Que puis-je attendre de ceux qui n'ont plus rien à attendre de moi ?*

Le noble pair Lanjuinais (j'ajoute l'épithète, parce qu'étant d'usage pour les pairs de tous les pays, elle ne tire pas à conséquence), a été président de la chambre des députés pendant les cent jours ; peut-être y en avait-il assez pour ajourner sa rentrée dans la chambre des pairs, sinon indéfiniment, au moins pendant le tems *d'épreuve*. La bonté du Roi l'a dispensé de se rendre digne de cette éclatante faveur; aussi jusqu'à présent a-t-il usé amplement de la dispense. M. L. méritera sans doute un jour le bienfait par la reconnaissance; mais d'après ce que nous voyons et ce que nous lisons depuis 1815, il l'aura précédée de beaucoup d'années.

M. Lanjuinais, MM. Destutt-Tracy et Volney, ses collègues, sont les chefs de la secte des idéologues, véritables *songe-creux*. Cette idéologie est un galimathias *double*, c'est-à-dire, auquel personne ne comprend rien, pas même ceux qui l'ont imaginé, et qui en sont les propagateurs. Être inintelligible n'est que ridicule; mais aujourd'hui c'est un point capital, parce qu'il donne le droit de dire aux nigauds qui demandent des explications : *c'est trop fort pour vous*; ce qui rappelle le Médecin malgré lui, parlant latin (eh! quel latin!) à ceux qui ne le savent pas. Ce qui est un peu plus sérieux, c'est qu'aucun de ces professeurs d'idéologie ne professe le royalisme et l'attachement à la dynastie régnante. Il n'y a d'intelligible dans leur *fatras* que des idées erronées et des principes qu'on gémit de trouver chez des pairs de France, quoiqu'ils soyent arrivés là par ce sénat de glorieuse mémoire, lequel n'a réellement justifié son titre de *conservateur* que lorsqu'il s'est agi de conserver le traitement de ses membres :

Un douaire gagné si légitimement!

FIN.

N. B. Ce *mot* est le cinquième et le dernier.

www.ingramcontent.com/pod-product-compliance
Lightning Source LLC
Chambersburg PA
CBHW071416060426
42450CB00009BA/1909